I0839816

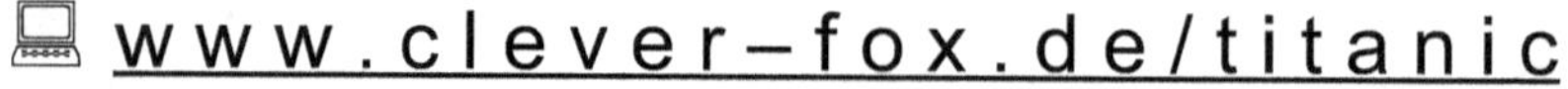

www.clever-fox.de/titanic

Sven.Eisberg@clever-fox.de

Sven Eisberg

100 Jahre

Titanic

Mythos, Gegenwart und Zukunft

neueste wissenschaftliche Erkenntnisse
für jeden verständlich

alles auf einen Blick

klar, kurz und verständlich

Extra: Havarie „Costa Concordia"

Bibliografische Information der Deutschen Nationalbibliothek:
Die Deutsche Nationalbibliothek verzeichnet diese Publikation in der Deutschen
Nationalbibliografie; detaillierte bibliografische Daten sind im Internet über
http://dnb.d-nb.de abrufbar.

Herstellung und Verlag: Books on Demand GmbH, Norderstedt
Illustration: Michael Rosskothen / Fotolia.com
Foto: Matteo Berlenga / Fotolia.com
Satz und Layout: NG Design
Lektorat: SKN & friends
Printed in Germany

ISBN 978-3-8448-1114-8

www.clever-fox.de/titanic

INHALT

Für wen ist dieses Buch geschrieben worden?

Dieses Buch ist für alle diejenigen geschrieben worden, die schnell auf einem Blick über die Geschichte der Titanic informiert werden wollen ohne auf die neuesten Erkenntnisse der Forscher und Wissenschaftler verzichten zu wollen. Dabei wurde besonderen Wert darauf gelegt, dass es für jeden verständlich ist.

Nachdem sie das Buch gelesen haben, werde sie besser verstehen können, warum sich die Menschheit seit 100 Jahren immer wieder mit der Geschichte der Titanic beschäftigt. Es gab seitdem kein anderes Schiff, das bekannter geworden ist.

Weiterhin werden Sie über die größten Schiffskatastrophen kurz informiert und erfahren, wieso es dazu gekommen ist.
Auf den letzten Seiten erfahren Sie, warum es am 13.01.2012 zur Havarie der „Costa Concordia" gekommen ist, welche Ereignisse sich auf dem Schiff zugetragen haben sollen und wie die Seenotrettung abgelaufen ist.

In diesem Buch werden u.a. die folgenden Fragen beantwortet.

Wann, wo, warum und von wem wurde die Titanic gebaut?

Warum war und ist die Titanic etwas Besonderes?

Wie war die Titanic ausgestattet?

*Was hatte man den Passagieren
in den unterschiedlichen Klassen geboten?*

———————

*Welche Aufgaben hatte die
fast 900 Mann starke Besatzung an Bord?*

*Was hat sich bei der Katastrophe abgespielt
und was waren die wahren Hintergründe?*

*Wieso kam es zu
Falschmeldungen in den Zeitungen?*

———————

*Wie hat sich die Menschheit in den letzten 100 Jahren
immer wieder mit dem Thema auseinandergesetzt?*

Was waren die Ergebnisse der beiden Kommissionen?

Wieso kam es in der Nachkriegszeit
immer wieder zu Schiffskatastrophen?

Warum tauchen Forscher und Wissenschaftler
immer wieder in 3800 Meter Tiefe ab?

____

Was waren die Gründe dafür, dass
das Kreuzfahrtschiff „Costa Concordia"
am 13.01.2012 gekentert ist?

Wie lief die Seenotrettung der „Costa Concordia" ab?

Dampfschiffe lösen Segelschifffahrt ab

War man mit der Segelschifffahrt nicht mehr zufrieden?

Die Überquerung der Ozeane hatte einfach zu lange gedauert. Denn mit der Reisedauer stieg das Risiko, den anderen Kontinent nicht mehr lebend zu erreichen.

Ursachen für den Tod waren:
- Krankheit
- Schiffbruch
- Mann über Bord

Daher wurden Schiffe benötigt, die schneller und sicherer sind. *Mitte des 19. Jahrhunderts* war es dann schließlich so weit. Die Dampfschifffahrt setzte sich durch. Das führte dazu, dass Dampfschiffe nun regelmäßig zwischen den Kontinenten pendelten.

Sirius: Erstes Schiff, das ausschließlich auf Dampfkraft setzt

Für den Antrieb eines Dampfschiffes dient eine Dampfmaschine, die mit Kohle befeuert wird. Zu Beginn des Dampfschiffzeitalters wollte man sich aber nicht ausschließlich auf diese neue Technik verlassen. Daher wurden zur Sicherheit die Dampfschiffe mit Masten und Segel ausgestattet. Im Laufe der nächsten Jahre wuchs das Vertrauen in die neue Technik. Die Geburtsstunde des Raddampfers Sirius war gekommen. Es war das erste Dampfschiff, das den Atlantik nur mit Dampfkraft überqueren sollte.

Im April 1838 hatte sich die Sirius, mit 600 PS und einer Geschwindigkeit von etwa acht Knoten (15 km/h), auf dem Weg gemacht. Der Raddampfer hatte für seine Fahrt von Queenstown (heute Cobh, Irland) nach New York (USA) etwa 460 Tonnen Kohle geladen.

457 Tonnen Kohle reichten nicht aus

Nach ereignisreichen 18 Tagen erreichte das Dampfschiff endlich den New Yorker Hafen. Jedoch musste dafür das Mobiliar verheizt werden, weil die Kohle ausging.

S i r i u s	
Typ	Raddampfer
Länge	61 m
Breite	7,80 m
Bruttoregistertonnen	703
Leistung der Zweizylinder-Maschine	600 PS
Geschwindigkeit	8 kn (15 km/h)

Die Dampfschifffahrt setzte sich durch

Dampfschiffe waren schneller am Zielort und dadurch günstiger als bei der Segelschifffahrt. Durch die kürzere Reisedauer war auch das Krankheitsrisiko geringer. Weiterhin war die Wahrscheinlichkeit geringer ein Schiffbruch zu erleiden.

Vorteile der Dampfschiffe gegenüber den Segelschiffen

schneller → kürzere Reisedauer → kostengünstiger

sicherer → geringeres Schiffsbruchrisiko

R. M. S. Titanic

Luxusliner der Extraklasse

Passagiere der 1. Klasse zahlen gut

Mit dem Geld der vermögenden Passagiere konnten die Schiffsgesellschaften ihre Schiffe weiterentwickeln. Der Trend beim Bau der Passagierschiffe lautete:

- schneller
- größer
- luxuriöser

Schon bald nachdem die Atlantikliner (Linienschiffe, die den Atlantik überqueren) regelmäßig den Atlantik überquerten, versuchte man die Bedürfnisse der Vermögenden immer mehr nachzukommen. So entstanden Luxusliner, deren Ausstattung überragend waren. Und so hatte es nicht mehr lange gedauert, bis die Geburtsstunde der R.M.S. Titanic gekommen war.

Was bedeutet R.M.S.?

R.M.S. steht für „Royal Mail Ship" und bedeutet übersetzt: „Königliches Postfrachtschiff". Die R.M.S. Titanic hatte einen Vertrag mit der britischen Postgesellschaft abgeschlossen und verpflichtete sich somit zum Transport von Postfracht über den Atlantik. Dadurch sicherte man sich eine verlässliche Einnahmequelle. Die Postsäcke wurden sicher im Gepäckraum der 1. Klasse aufbewahrt.

Harland & Wolff mutiert zum größten Arbeitgeber

Die Reederei (Schifffahrtsunternehmen) White Star Line erteilte der Werft Harland & Wolff den Auftrag für den Bau der weltweit größten Schiffe. Es handelte sich um die Titanic und ihr Schwesterschiff Olympic.

Harland & Wolff (Belfast, Irland)

- bekannt für ausgezeichnete Qualität (Konstruktion und Bau)
- bekannt für den Bau von berühmten Schiffen

Die Werft Harland & Wolff stockt ihre Belegschaft von 6000 auf 15 000 Mitarbeiter auf und wird damit zum größten Arbeitgeber in Belfast (Irland). Man möchte schließlich die Titanic und ihr Schwesternschiff Olympic termingerecht ausliefern.

Titanic Highlights

Der Luxus an Bord der Titanic gab den Passagieren ein sicheres Gefühl. Sie hätten sich nicht im Traum vorstellen können, dass ein solch „mächtiges" Schiff sinken könnte – es galt als „unsinkbar". Neben der luxuriösen Ausstattung gab es auf dem Schiff noch einige Highlights, die nachfolgend aufgeführt sind.

- Squashhalle
- Gymnastikraum
- Türkisches Bad
- elektrisch beheiztes Schwimmbad
- Bibliothek
- Haustelefon mit 50 Endgeräten für interne Telefonie
- eigene Tageszeitung „Atlantic Daily Bulletin"

Technische Daten (Titanic)

Baudaten

Bauzeitraum
(Kiellegung bis Stapellauf)   31.03.1909 - 31.05.1911

Ausstattungszeitraum   01.06.1911 - 31.03.1912

Maße

Länge   269,68 m

Breite   28,19 m

Höhe (Kiel bis Schornstein)   53,33 m

Höhe des Krähennestes   11,58 m

Gewicht

netto   39 380 Tonnen

brutto   53 147 Tonnen

Leistung / Geschwindigkeit

50 000 PS ➜   max. 24 Knoten (ca. 44 km/h)

▲ 1 Dampfturbine, 2 Kolbendampfmaschinen

▲ 2 Schiffsschrauben an der Seite   →   Durchmesser: 7,16 m

▲ 1 Schiffsschraube in der Mitte   →   Durchmesser: 5,03 m

Kohlemenge

Vorrat	6 700 Tonnen,
	ausreichend für etwa 10,5 Tage
Verbrauch pro Tag	620 - 650 Tonnen

Elektrische Geräte

- 10 000 Glühbirnen
- 520 Heizkörper
- Telegraph, Telefon für interne Telefonie mit 50 Endgeräten
- einige Küchengeräte wie z.B. Fleischwolf, Kartoffelschäler, Teigmixer, Eismaschine, Messerputzer, ...

Fahrstühle

- 9 Fahrstühle
  - 3 Personenfahrstühle (1. Klasse)
  - 2 Personenfahrstühle (2. Klasse)
  - 1 Fahrstuhl für Postsäcke
  - 1 Fahrstuhl für Vorräte (Kiel ↔ D-Deck)
  - 1 Fahrstuhl für Speisen (Küche B-Deck ↔ D-Deck)
  - 1 Fahrstuhl für Speisen (Pantry ↔ B-Deck
    Pantry ↔ Bootsdeck)

Versicherungswert

- 12 Mio £ (bei Ausreise) → entspricht heute ca. 1 Mrd. €

Luxus für alle Passagiere?

Für die Titanic hatte sich die White Star Line für Kapitän Edward John Smith entschieden. Der Kapitän hatte eine große Verantwortung, denn der Ozeanriese war für 2400 Passagiere und guten 1100 Besatzungsmitgliedern zugelassen. E. J. Smith war einer der erfahrensten und bestbezahlten Kapitäne seinerzeit. Eigentlich war er schon zu alt. Aber es sollte seine letzte Fahrt sein, bevor er in seinem Ruhestand entlassen wird.

Für alle Klassen hatte man auf den Kabinen Waschmöglichkeiten mit fließendem Wasser vorgesehen. Ein Luxus, den gerade die meisten Passagiere der 3. Klasse bisher noch nicht kannten.

Passagiere der 1. Klasse

Vom gesamten Raumangebot auf der Titanic gehörte etwa die Hälfte den Passagieren der 1. Klasse. Zu den aufwendigsten und ausgefallensten Räumen gehörte das Treppenhaus, das sich über 6 Stockwerke erstreckte und mit Eichenholz getäfelt war. Eine riesige Glaskuppel ließ ungehindert die große Freitreppe im Tageslicht erstrahlen. Die Passagiere waren in 350 Kabinen und 39 Suiten in den vier oberen Decks von insgesamt sieben untergebracht.

Auf den *oberen Decks* war man weit von den lauten Maschinen im

Bauch des Schiffes entfernt und konnte bei fantastischen Ausblick aufs Meer die frische Luft genießen. Die unterste Preiskategorie kostete immerhin noch 23 Pfund (heute etwa 1700 Euro) je Person. In dieser Preiskategorie war man in einer Vier-Personen-Kabine ohne Verpflegung untergebracht. Je nach Kategorie konnte man mit Verpflegung auch schnell fast das Dreifache pro Person zahlen – es waren durchschnittlich etwa 62 Pfund (heute etwa 4500 Euro), die John Jacob Astor gezahlt hatte.

Ausstattung der Kabinen

Die 350 Kabinen waren sehr großzügig geschnitten und mit Möbeln und Accessoires luxuriös ausgestattet. Darüber hinaus waren 39 Suiten für ab 400 Pfund (heute etwa 29 000 Euro) mit eigenen Bädern an Bord, die über Verbindungstüren zu beliebig großen Unterkünften umgestaltet werden konnten.

Rückzugsmöglichkeiten

In den Ecknischen des großen Speisesaals oder in der Bibliothek hatte man die Möglichkeit die Seele baumeln zu lassen.

Tischdekoration vom feinsten

Zur Ausstattung der Tische gehörten die folgenden Utensilien.

- Tischtücher aus Leinen
- weiß gestärkte Servietten
- frische Blumen
- frische Früchte in edlen Obstschalen

Speisen an Bord

Neben dem großen Speisesaal (Kapazität für 550 Gäste) stand zusätzlich ein À-la-carte-Restaurant zur Verfügung. Zum Abendessen gab es ein edles 7-Gänge-Menü. Dies wurde auf edlen silbernen Tellern serviert.

Sport und Wellness

Auch in diesen Bereichen wurde den Passagieren ausgezeichnete Möglichkeiten geboten. Im Folgenden sind diese aufgeführt.

- Sporthalle
  - Rudermaschinen
  - Räder
  - Sonstiges wie beispielsweise Hanteln

- Squashhalle

- beheiztes Schwimmbad

- Türkisches Dampfbad

  ausgestattet mit blau glasierten Kacheln und

  vergoldeten Lampen mit abgedunkeltem Licht

  - Einseifraum

  - Massagecouch

  - Tauchbecken zum Abkühlen

Zwei Mal Luxus der Extraklasse

Für „ganz besondere" Menschen der ersten Klasse befanden sich zwei Luxussuiten auf dem B-Deck des Schiffes. Diese konnte man für 870 Pfund (entspricht heute fast 64 000 Euro) buchen. Als Gegenleistung erhielt man besonders luxuriöse Suiten. Diese bestanden aus den folgenden Räumlichkeiten.

- 1 Wohnzimmer
- 1 Schlafzimmer
- 2 Ankleidezimmer
- 1 Badezimmer
- 1 privates Sonnendeck

Mehr Gepäck als nötig?

Damit das viele Gepäck der Vermögenden nicht durcheinandergeriet, wurde es mit Gepäckaufkleber versehen. Was bedeutet viel Gepäck? Im Folgenden ist beispielsweise das Gepäck von Charlotte Cordeza, die alleine mit ihrem Kind reiste, aufgeführt.

- 14 Überseekoffer und 4 Reisekoffer
- 1 Koffer mit Arzneimitteln
- 3 Kisten

Passagiere der 2. Klasse

Auch Passagiere der 2. Klasse genossen außergewöhnlichen Luxus und Service. Ihre 207 Kabinen befanden sich auf Deck D-G und kosteten je nach Preiskategorie zwischen 10 und 15 Pfund (heute etwa zwischen 730 und 1100 Euro) pro Person. Auf dem offenen Deck genossen die Passagiere bei einem Spaziergang die gute Aussicht und die frische Luft oder entspannten in Liegestühlen.

Ausstattung der Kabinen

Die 207 Kabinen waren mit Mahagonimöbeln, netten Accessoires und mit zwei bis vier Einzel- oder Etagenbetten sehr gut ausgestattet. Sie waren in Ausstattung und Komfort mit den Kabinen der 1. Klasse (untere Preiskategorie) vergleichbar.

Langeweile?

Falls mal Langeweile aufkam, konnte man sich seine Zeit intellektuell in der Bibliothek oder vergnüglich in den Bars und den Salons vertreiben.

Besondere Vorsicht war beim Kartenspielen geboten. Denn wer an den Glücksspielen teilnahm, der hatte keine gute Karten. Betrüger zogen ihren Mitspielern gekonnt das Geld aus der Tasche.

Speisen an Bord

Im mit Eiche vertäfelten Speisesaal wurde ein 4-Gänge-Menü serviert. Anschließend gab es noch Kaffee und Kekse, Obst, Nüsse und Käse.

Passagiere mit viel Gepäck

Auch die Passagiere der 2. Klasse hatten überdurchschnittlich viel Gepäck bei sich. Die Auswanderer hatten zwar den größten Teil ihres Gepäcks in einem der Ladungsräume unterbringen lassen, jedoch wollte man zu besonderen Anlässen, wie beispielsweise zum

Tanz oder zum Dinner, ja schließlich in entsprechende Kleidung auftreten. Daher hatte man alle Gepäckstücke gewissenhaft mit den Gepäckaufklebern der 2. Klasse versehen.

Passagiere der 3. Klasse

Für diese Passagiere standen überwiegend die unteren Decks zur Verfügung – teilweise neben den lauten Maschinen des Dampfers. Für die 3. Klasse waren an Bord der Titanic 220 Kabinen, die mit zwei, vier oder sechs Betten ausgestattet waren. Diese wurden überwiegend für Familien genutzt. Denn allein reisende Männer wurden in einem großen Schlafsaal im Bug des Schiffes untergebracht. Allein reisende Frauen schliefen in Kabinen im Heck des Schiffes. Die Unterbringung in den Kabinen inklusiver Verpflegung war ab 7,10 Pfund (heute etwa 520 Euro) je Person möglich.

Ausstattung der Kabinen

Im Vergleich der anderen beiden Klassen waren die 220 Kabinen bescheiden ausgestattet. Jedoch übertraf es in den meisten Fällen der Ausstattung, die die Passagiere von zu Hause aus gewohnt waren. Die meisten Passagiere dieser Klasse waren Auswanderer, die mit ihren Familien ein neues Leben in New York (USA) starten wollten.

Zeitvertreib

In den mit Kiefernholz getäfelten Aufenthaltsräumen ließ sich die Zeit schnell vertreiben. Man unterhielt sich gut, nahm an Gesellschaftsspielen teil und rauchte dabei gerne. Einige lasen auch ein Buch. Abends wurde gesungen und getanzt.

Achterdecks

Obwohl diese Decks nicht gegen Wind und Regen geschützt waren, boten sie eine willkommene Abwechslung zu den überfüllten Aufenthaltsräumen. Weiterhin musste man in Kauf nehmen, dass man vom Rauch der Kamine belästigt wurde.

Speisen an Bord

Der Speisesaal der 3. Klasse konnte nur 473 Gäste aufnehmen. Da diese Kapazität nicht für alle ausreichte, wurde den Passagieren Essenskarten zugeteilt. Es gab also Essenskarten für die erste und für die zweite Sitzung. Nur durch das Essen im „Schichtbetrieb" war es möglich, dass jeder sein Essen bekam. Verpasste man die zugeteilte Sitzungszeit, hatte man Pech gehabt.

Gepäck passte in eine Tasche

Im Gegensatz zu den Passagieren der 1. und 2. Klasse passte das ganze Hab und Gut dieser Passagiere in eine Tasche. Sie kamen aus ganz Europa angereist, um über den Atlantik zu schippern und in Amerika ein neues Leben zu beginnen.

Gut Geld verdienen – aber wie?

Jede Klasse hatte seine Berechtigung. Ohne die unterschiedlichen Preiskategorien hätte man nicht die Kapazität des Schiffes ausreizen können. Denn wer will schon beispielsweise für einen normalen Preis, eine Kabine in der Nähe der lauten Maschinen haben?

	Aufnahmekapazität (maximal)	Kabinen	Preis
1. Klasse	750 Passagiere	350 Kabinen 39 Suiten	23 - 62 £ ab 400 £
2. Klasse	550 Passagiere	207 Kabinen	10 - 15 £
3. Kasse	1100 Passagiere	220 Kabinen	ab 7,10 £

Jungfernfahrt der Titanic

Die Testfahrt

Bevor die große Reise von Southampton (England) nach New York (USA) losgehen sollte, hatte man in der Bucht von Belfast (Irland) eine Testfahrt unternommen.

Testfahrt (Bucht von Belfast) 02.04.1912
Einlaufen im Hafen 03.04.1912

Jungfernfahrt
Abfahrt 10.04.1912
Abfahrtshafen Southhampton
Zielhafen New York

Bei der Testfahrt wurden die folgenden Aufgaben durchgeführt.

- Maschinenkontrolle
- Manövrierfähigkeit bei verschiedenen Geschwindigkeiten
- Verhalten bei Notbremsung

Am Morgen der Abfahrt

Am 10. April 1912, am Morgen der Abfahrt hatte man für das leibliche Wohl der Gäste bereits gut gesorgt. Es wurden in den letzten Tagen mehrere Tonnen Lebensmittel und Getränke verladen. An der Pier hatten sich viele Menschen versammelt. Die meisten von ihnen wollten sich von ihren Freunden und Verwandten verabschieden. Auf ihrer Reise nach New York (USA) waren etwa 1300 Passagiere (genauere Angaben nicht möglich, da eine bis heute unbekannte Anzahl von Passagieren die Reise ohne vorherige Stornierung nicht angetreten ist) an Bord. Dabei wurde die Passagierkapazität der Titanic bei Weitem nicht erreicht. Denn sie hatte Platz für 2400 Passagiere. Die folgende Tabelle gibt einen Überblick über die Auslastung.

	Passagier-kapazität	belegt	Auslastung
1. Klasse	750	322	43%
2. Klasse	550	277	50%
3. Klasse	1100	709	64%
Gesamt	2400	1308	55%

Um 12.00 Uhr legte die Titanic ab, um ihre Fahrt von Southampton (England) nach New York (USA) anzutreten. Kurz danach kam es im Hafen beinahe zum Zusammenstoß mit dem amerikanischen Dampfer „New York". Ursache dafür war die Sogwirkung, den die Titanic auf dem Dampfer ausgeübt hatte. Kapitän Smith konnte einer Kollision noch gerade so ausweichen. Die endgültige Abfahrt verzögerte sich dadurch um eine Stunde.

Besatzung der Titanic fast 900 Mann stark

Auf ihrer Jungfernfahrt von Southampton (England) nach New York (USA) waren 898 Besatzungsmitglieder, etwa 1300 Passagiere und 3560 Schwimmwesten an Bord. Storniert wurde die Reise von 55 Passagieren. Einige hatten ihr Traumschiff „leider" verpasst. Die folgende Aufstellung gibt einen Überblick über die fast 900 Mann starke Besatzung. Davon arbeiteten etwa 500 in der Kü und als Bedienung und etwa 300 in den Kessel- und Maschinenräumen.

Offiziere
unterstützten den Kapitän am Bord

* * * * *

Stewards/Stewardessen und Kellner
bedienten die Passagiere und nahmen Bestellungen auf

Köche, Bäcker, Metzger, Küchenhilfen
bereiteten in der Küche die Speisen zu

* * * * *

Heizer und Schürer

Damit die Maschinen mit „Volldampf" betrieben werden konnten, musste man rund um die Uhr im Schichtbetrieb Kohle in den Brennkammern schaufeln.

Ingenieure

sorgten für einen störungsfreien Betrieb der Maschinen

Trimmer

verluden das Gepäck der Passagiere

* * * * *

Postbeamte

sortierten und verluden die Postsäcke

Zahlmeister

verwalteten die Schiffskasse

Barbiere

haben Körper- und Krankenpflege angeboten

* * * * *

Wie geht man auf der Titanic mit Eiswarnungen um?

Am 14.04.1912 (Sonntag), vier Tage nachdem die Titanic ihre Reise begonnen hatte, erhielt die Titanic per Telegramm mehrere Eiswarnungen. Diese kamen von Schiffen, die auch gerade den Nordatlantik überquerten. Bruce Ismay, Schiffseigner und Aufsichtsratvorsitzender der White Star Line drängte vermutlich Kapitän Edward John Smith der ganzen Welt zu zeigen, wie schnell und verlässlich das Schiff den Zielhafen in New York (USA) erreichen würde. Da auch Kapitän Smith vermutlich keine wirkliche Gefahr für die Titanic sah, steuerte er das Schiff für etwa 26 km nach Süden und nahm dann wieder mit voller Kraft voraus den ursprünglichen Kurs Richtung New York auf. Bei einer Reisegeschwindigkeit von 21 Knoten (ca. 39 km/h) ließe sich vermutlich ein größerer Umweg nicht einrichten, weil der Vorrat an Kohle nicht gereicht hätte. Es wurde eine Eiswarnung übermittelt, die genau auf dem Kurs der Titanic lag. Warum hatte man diese nicht beachtet? Damals als die Telegrafie noch zu den neuesten Errungenschaften auf Seefahrt gehörte, war es üblich den Telegrafen für das übermitteln von persönlichen Nachrichten einzusetzen. So wurden beispielsweise Grüße an die Zuhausegebliebenen übermittelt. Der Funker Jack

Phillips war so stark mit dem übermitteln von privaten Nachrichten beschäftigt, so dass er nicht bemerkte, dass die Eiswarnung genau auf dem Kurs der Titanic lag. Sonst hätte er diese Warnung sofort an den Offizier auf der Brücke weitergeben müssen. Stattdessen legte er sie erst einmal auf Seite.

Ausschau nach Eisbergen

Der Abend des 14. Aprils war klar und die Sterne funkelten. Aber der Abend war wegen des Neumondes sehr dunkel und bei einer Temperatur von knapp unter 0°C frostig kalt. Im Krähennest (Ausguck) hielten zwei Männer rund um die Uhr Ausschau nach Eisbergen oder sonstige Gefahren.

Eisberg in Sicht

Um 23.40 Uhr sah Frederic Fleet einen Eisberg. Erst als das Schiff sich dem Eisberg näherte, erkannte er, dass der Eisberg wesentlich größer war, als er zunächst dachte. Er schlug dann sofort drei Mal die Glocke im Krähennest (Ausguck) – das ist das auf Schifffahrt übliche Zeichen für „Gefahr voraus". Gleichzeitig brüllte er von der Brücke aus „Eisberg in Sicht". Den Eisberg schätzte er auf etwa 20 Meter Höhe. Er reichte knapp über die obersten Decks des Schiffes.

Erster Offizier William Murdoch war zum Zeitpunkt der Eiswarnung der Verantwortliche auf der Brücke. Er befahl Quartiermeister Robert Hichens eine Kursänderung auf „hart Steuerbord" vorzunehmen und somit den Bug am Backbord vorbei zu lenken. Den Arbeitern in den Maschinenraum befahl er, die Maschinen zunächst zu stoppen, da die Maschinen bei einem so riesigen Schiff nicht so schnell auf Rückschub gestellt werden konnten. Als man sich bereits mit dem Bug des Schiffes neben dem Eisberg befand, dachte man es geschafft zu haben. Aber dann nahm man merkwürdige Geräusche wahr. Mit dem Rumpf des Schiffes hatte man den unter der Wasserlinie liegenden Teil des Eisbergs gestreift. Hatte man dieses Mal noch einmal Glück gehabt?

Wie stark wurde die Titanic beschädigt?

Um 23.50 Uhr begutachteten Thomas Andrews (Konstrukteur des Schiffes und Direktor von Harland & Wolff) und Kapitän Edward John Smith die Schäden. Da man den Eisberg gestreift hatte, führte dies dazu, dass der Ozeanriese über beinahe der gesamten Länge unterhalb der Wasserlinie seitlich beschädigt wurde. Dadurch war die Titanic an vielen Stellen undicht geworden. Es lief wesentlich mehr Wasser ins Schiffsinnere hinein, als die Pumpen wieder nach draußen befördern konnten. Der Ozeanriese galt bekanntlich als unsinkbar, weil mindestens vier von 16 Kammern (diese waren wasserdicht über die Schotten voneinander getrennt) hätten volllaufen müssen, um die Titanic zu versenken. Thomas Andrews erkannte sofort, dass die Titanic auf jeden Fall sinken wird. Denn er hatte gesehen, dass sechs Kammern beschädigt wurden. Seinen Schätzungen zur Folge sollte das Schiff in spätestens zwei Stunden sinken.

Als die Postbeamten mitbekamen, dass Wasser einlief, versuchten sie die Postsäcke zu retten, indem sie diese eine Etage höher beförderten. Sie hofften, dass bald das Leck wieder unter Kontrolle sei.

Evakuierung wird eingeleitet

Um 0.05 Uhr, erst 25 Minuten nach dem Unfall, befahl Kapitän Smith die Rettungsboote klarzumachen und die Evakuierung einzuleiten. Aber leider liefen die Vorgänge nicht geordnet ab, weil es keine Notfallübung gegeben hatte.

Von 0.45 Uhr bis 2.05 Uhr ließ man die Rettungsboote zu Wasser. Dabei hatte man nach dem seemännischen Brauch „Frauen und Kinder zuerst" gehandelt. Dies bedeutete, dass Frauen und Kinder sich von ihren Liebsten trennen mussten. Viele Frauen standen daher vor einer schweren Entscheidung. Sollten sie ins Rettungsboot steigen oder bei ihren Männern auf der Titanic bleiben?

Nach fast 1 ½ Stunden wurde das letzte Boot aus etwa 20 Meter Höhe zu Wasser gelassen. Nun wurde es auch dem letzten Passagier an Bord der Titanic klar, dass das Schiff auf jeden Fall sinken wird. In Panik sprangen daher einige Passagiere aus 20 Meter Höhe ohne Schwimmweste ins eiskalte Wasser. Einige andere warfen schwimmende Gegenstände wie beispielsweise Holzmöbel ins Wasser und sprangen dann hinterher, in der Hoffnung noch in einem der Rettungsboote unterzukommen.

Die Ereignisse bis zum Untergang

Funker setzen Notrufe ab

Während die Rettungsboote besetzt wurden, setzen die beiden Funker Jack Philips und Harold Bride ununterbrochen SOS-Funksignale ab. Per Telegramm teilten sie per Funk mit, dass sie dringend auf Hilfe angewiesen sind, weil die Titanic untergeht.

Rettung in Sicht

Kapitän Smith und Offizier Boxhall hatten die Lichter eines Schiffes entdeckt. Das Schiff musste ganz in der Nähe sein, denn man konnte das Backbordlicht und die Toplaternen sehen. Sie versuchten, mit Signallampen auf sich aufmerksam zu machen. Aber es kam keine Antwort. *Um 0.45 Uhr* feuerte man die erste Leuchtrakete ab. Wieder keine Reaktion. Es folgten noch sechs weitere. Zusätzlich wurden von der Brücke aus im Abstand von 5 Minuten Signalkugeln abgefeuert. Diese explodierten in 240 Meter Höhe und erzeugten von dort aus einen Lichtregen. Weiterhin hat man sämtliche Beleuchtung der Titanic hell erleuchten lassen, um von anderen Schiffen eher erkannt zu werden. Aber warum kam von diesem Schiff keine Hilfe? Neuere Erkenntnisse lassen vermuten, dass es sich um ein Schiff handelte, dass illegal Robben jagte. Andererseits könnte es sich auch um ein Schiff gehandelt haben, das viel weiter entfernt war, als man dachte. Eine optische Täuschung, die durch eine Spieglung verursacht worden war.

Um 2.18 Uhr, etwa 10 Minuten nachdem man das letzte Boot zu Wasser gelassen hatte, lagen die Dampfkessel unter Wasser. Somit erloschen auch die Lichter auf dem Schiff. *Um 2.20 Uhr,* nachdem die Titanic zwischen den beiden hinteren Schornsteinen auseinandergebrochen war und zwischenzeitlich das Heck für etwa 30 Sekunden senkrecht aus dem Wasser geragt hatte, ist die Titanic endgültig in den Tiefen des Ozeanes versunken.

Arbeiten bis zur letzten Sekunde

Ingenieure und Maschinisten arbeiteten bis zur letzten Sekunde in den Kesselräumen, um die Lichter der Titanic hell erleuchten zu lassen. Keiner von ihnen überlebte. Auch die Kapelle soll bis zum Schluss gespielt haben und begleitete den Untergang der Titanic mit Musik. Von ihnen überlebte auch niemand.

Die Notrufsignale wurden ebenfalls unermüdlich bis zum Schluss gesendet. *Um 2.10 Uhr* wurde das letzte Telegramm gefunkt. Die Nachricht lautete: „Wir sinken schnell; Passagiere werden in Boote untergebracht". Von den beiden Funkern überlebte nur Harold Bride. Er konnte sich noch in ein Boot retten. Jack Phillips erfror im eiskalten Wasser.

Werden die Menschen in den Booten noch gerettet?

Große Verzweiflung und Angst und keine Hilfe in Sicht

Noch unter Schock breitete sich bei den Passagieren in den Rettungsbooten und im Wasser schnell Verzweiflung und Angst aus. Denn es war keine Rettung in Sicht. Dennoch ruderten Sie im Atlantik umher und wechselten sich ab, um den Kreislauf in Schwung zu halten. Sie waren dieser Situation stundenlang ausgesetzt und mussten zusehen, wie einige der mitreisenden durch Erfrierung starben.

R.M.S. Carpathia

Die Carpathia ist eines von 3 Schiffen, welches die Notrufsignale der Titanic empfangen hatte. Als der erste Hilferuf ***um 0.25 Uhr*** bei ihr eingetroffen war, war sie auch auf dem Weg nach New York. Kapitän Arthur Rostron kehrte unverzüglich um und machte sich auf dem Weg zu den von der Titanic zugesandten Koordinaten. Das Schiff fuhr mit maximal möglicher Geschwindigkeit von 17 Knoten (31 km/h) zum 58 Seemeilen (107 km) entfernten Unglücksort.

Auf dem Weg dorthin war Rostrons größte Sorge mit einem der Eisberge zu kollidieren und sein Ziel nicht zu erreichen. Um am Unglücksort sofort Hilfe leisten zu können, veranlasste er auf seinem Schiff sämtliche Vorbereitungen vorzunehmen. So wurden schon bereits auf dem Weg zur Titanic alle Ärzte in Bereitschaft versetzt, warme Mahlzeiten zubereitet und die Unterkünfte vorbereitet.

15. April, gegen 4.00 Uhr morgens

Nach fast drei und halb Stunden erreichte die Carpathia endlich den

Unglücksort. Jedoch war von der Titanic nichts mehr zu sehen – sie war ja in der Zwischenzeit versunken. Auch die Rettungsboote waren auf dem ersten Blick nicht zu sehen. Sie waren zwischen dem Treibeis verborgen. Die Menschen in den Rettungsbooten waren voller Freude. Sie riefen so laut sie konnten und winkten der Carpathia zu. Weiterhin sollen sie Dinge wie beispielsweise einen Strohhut verbrannt haben, um auf sich aufmerksam zu machen.

Rettungsaktion vor Ort dauerte über 4 Stunden

Wegen des Packeises, konnte die Carpathia nicht nah genug zu den Rettungsbooten gelangen. Daher mussten die Rettungsboote zur Carpathia paddeln. Teilweise waren das mehrere Kilometer. Denn die Rettungsboote waren in der Zwischenzeit auf dem Ozean weit voneinander entfernt.

Warme Decken, Speisen und ärztliche Versorgung

Um 4.10 Uhr mobilisierte Elisabeth Allen wie viele andere Passagiere auch ihre letzten Kräfte. Sie kletterte eine Strickleiter zur Gangway der Carpathia hinauf, um sich endlich in Sicherheit zu bringen. Diejenigen, deren eigene Kraft nicht mehr ausreichte, wurden mit Bootsmannstühlen nach oben befördert. Kleine Kinder und

Babys wurden in Postsäcken untergebracht und nach oben gezogen. *Gegen 8.50 Uhr*, nachdem der letzte Überlebende endlich an Bord der Carpathia angekommen war, machte diese sich auf den Weg nach New York. Währenddessen halfen die Passagiere und Besatzungsmitglieder der Carpathia den Überlebenden mit warmen Decken und Speisen. Sie hofften, dass alle bisher Überlebenden sich von den bisherigen Strapazen schnell erholen würden. Die Ärzte an Bord kümmerten sich um die Überlebenden, die kurz vor dem Tod standen. *Am Donnerstag, den 18. April* erreichte die Carpathia den Zielhafen in New York.

Wie ein Wunder überlebte Baby Millvina Dean

Die jüngste Überlebende der Titanic ist das erst 10 Wochen alte Baby Millvina Dean aus der 3. Klasse. Wie ein Wunder überlebte Millvina die Katastrophe gemeinsam mit ihrer Mutter und ihrem Bruder Bert. Ihr Vater überlebte leider nicht. Die letzte Titanic-Überlebende starb am 31. Mai 2009 im Alter von 97 Jahren.

Überlebende und Opfer

Falschmeldungen in Zeitungen

Kapitän Arthur Rostron (Carpathia) widmete zunächst seine gesamte Zeit den Überlebenden und beantworte daher keine Presseanfragen. Er sorgte dafür, dass alle Überlebenden an Bord gut versorgt wurden. Die Zeitungen wollten aber unbedingt in ihrer Montagsausgabe über die Katastrophe berichten. So kam es zu Falschmeldungen. So berichtete beispielsweise die New Yorker Sun, dass nach der Kollision mit dem Eisberg alle gerettet wurden.

Erst um 20.20 Uhr sendet Rostron ein Telegramm an der Nachrichtenagentur Associated Press mit Sitz in New York (USA). Er teilte ihnen mit, dass er mit den Überlebenden an Bord auf den Weg nach New York sei. Über die Zeitungen und die Zeitungsjungen verbreiteten sich die Nachrichten schlagartig. Tagelang war in vielen Zeitungen die Titanic das Hauptthema. Viele der Artikel waren unklar und widersprüchlich. So kam es beispielsweise auch zu Falschmeldungen hinsichtlich der Zahl der Geretteten. Es war sogar zu lesen, dass die Titanic sicher nach Neuschottland geschleppt worden war.

Passagiere 1. Klasse

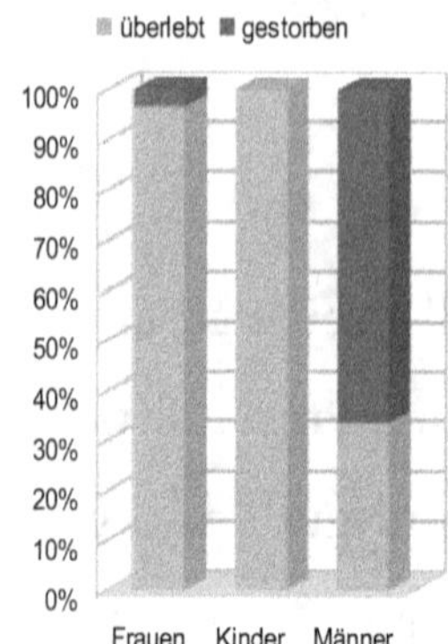

	überlebt	gestorben
Frauen	139	5
Kinder	5	0
Männer	58	115

Passagiere 2. Klasse

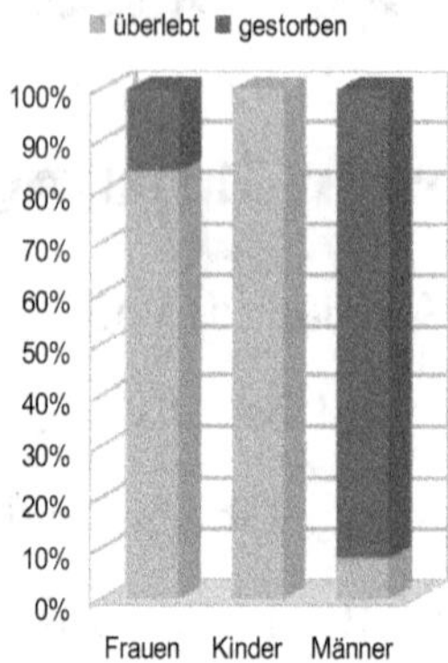

	überlebt	gestorben
Frauen	78	15
Kinder	24	0
Männer	13	147

Passagiere 3. Klasse

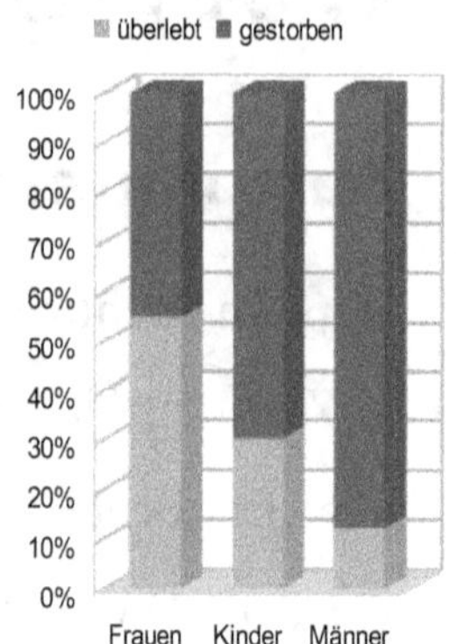

	überlebt	gestorben
Frauen	98	81
Kinder	23	53
Männer	55	399

Alle Passagiere

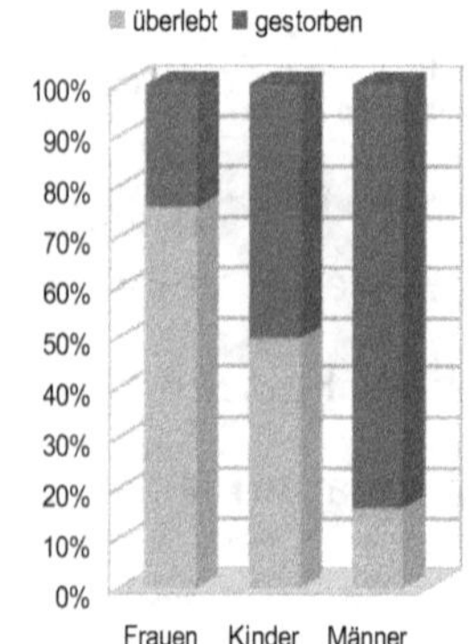

	überlebt	gestorben
Frauen	315	101
Kinder	52	53
Männer	126	661

Besatzung

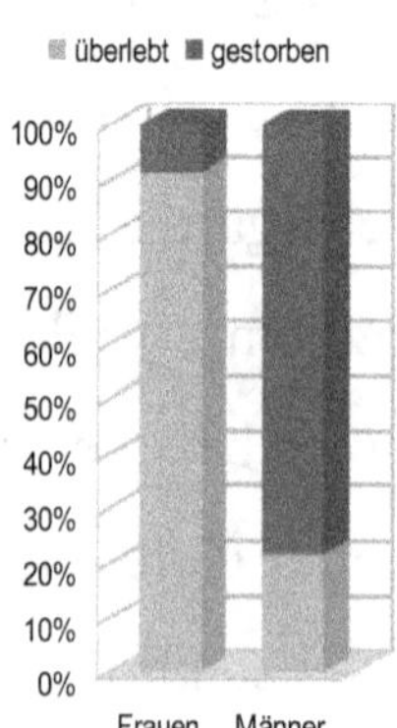

	überlebt	gestorben
Frauen	21	2
Männer	189	686

Passagiere und Besatzung

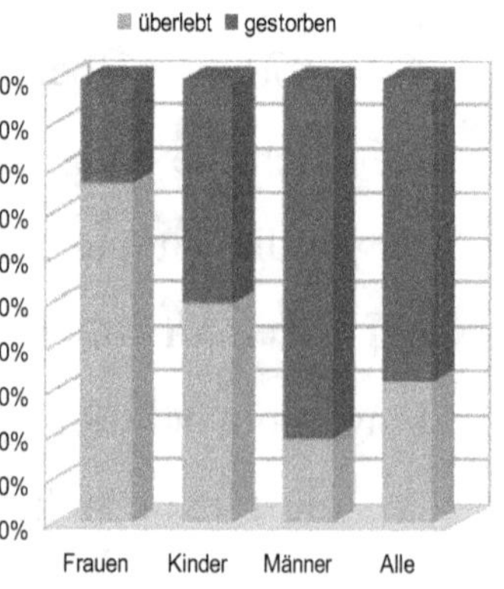

	überlebt	gestorben
Frauen	336	103
Kinder	52	53
Männer	315	1347
Alle	703	1503

Zahl der Opfer unbekannt

Da es nie offizielle Angaben über die Zahl der Passagiere an Bord der Titanic gab, ist die exakte Zahl der Opfer bis heute unbekannt. So kam es zu verschiedenen Angaben hinsichtlich der Opfer. Der Untersuchungsausschuss des US-Senats kam auf 1517 Tote, wohingegen die britische Untersuchungskommission auf eine Zahl von 1490 kam. In anderen Quellen sind nochmals andere Zahlen nachzulesen. Demnach könnten es maximal 1635 Menschen gewesen sein, die ihr Leben verloren haben.

Wieso wurden die Rettungsboote nicht voll besetzt?

In den Rettungsbooten hätte man für knapp 1200 Menschen Platz gehabt. Aber etwa nur 700 haben überlebt. Man hatte die Kapazität in den Rettungsbooten offenbar nicht genutzt. Sonst hätte man etwa 500 weiteren Menschen das Leben retten können. Aber warum hatte man die Boote so stark unterbesetzt zu Wasser gelassen? Laut Augenzeugen und Aussagen in der Kommission gab es dafür verschiedene Gründe, die im Folgenden aufgeführt sind.

Aus Angst

Die Rettungsboote wurden nicht voll besetzt, weil man Angst hatte, dass die Davits (Kräne für das Ablassen der Boote) diese Last nicht aushalten würden. Thomas Andrews soll versäumt haben darauf hinzuweisen, dass die neuartigen Davits eine Vollbesetzung der Rettungsboote erlaubten. Andererseits hätte die Kapazität der 20 Rettungsboote sowieso „nur" für 1178 Personen gereicht. Immerhin waren 1300 Passagiere und fast 900 Besatzungsmitglieder an Bord.

Titanic ist „unsinkbar"

Es gab eine Menge von Passagieren, die zunächst keinen Anlass dafür sahen, in die Rettungsboote zu steigen. Sie hielten die Titanic für unsinkbar. Daher wollten sie sich lieber auf der „sicheren" Titanic aufhalten. Denn die Rettungsboote machten auf sie einen nicht sehr vertrauenserweckenden Eindruck. Sie erinnerten sie eher an Nussschalen. Hinzu kam die Angst, sich in den Rettungsbooten aus 20 Meter Höhe ins Meer abseilen zu lassen. Daher waren gerade die ersten Rettungsboote, die zu Wasser gelassen wurden, noch nicht einmal halb voll. Später sollen Offiziere dafür gesorgt haben, dass die Boote nicht zu stark unterbesetzt zu Wasser gelassen wurden.

Sie sollen einige Frauen, die nicht einsteigen wollten, mit Gewalt in die Boote gesetzt haben. Paradoxerweise wurden einige Männer von der Besatzung mit vorgehaltener Waffe daran gehindert ins Boot zu steigen, obwohl noch Platz gewesen wäre. Man hatte den seemännischen Brauch „Frauen und Kinder zuerst" zu wörtlich genommen.

Die Reichen

Das am stärksten unterbesetzte Boot wurde mit gerade mal 12 Menschen zu Wasser gelassen. Vermutlich hatten sich die „Reichen" ihr eigenes Boot inkl. Besatzung erkauft. Andererseits haben die vier reichsten Menschen an Bord das Unglück nicht überlebt.

Folgen der Katastrophe

Empfehlungen der Kommissionen

Es wurden zwei Kommissionen ins Leben gerufen. Die Amerikanische Kommission wurde von Senator William Alden Smith geleitet. Die britische Kommission wurde von einem ehemaligen Richter am High Court geleitet. Beide Kommissionen haben Empfehlungen ausgesprochen, die im Folgenden aufgeführt sind.

Ausbau der Funksysteme

Alle Schiffe sollten mit den modernen Funksystemen ausgestattet werden. Um auf Nachrichten jederzeit reagieren zu können, sollte das Funksystem rund um die Uhr besetzt sein.

Rettungsboote für alle

Alle Schiffe sollten mit ausreichend Rettungsbooten ausgestattet werden. Im Notfall sollte es für jeden Menschen an Bord des Schiffes einen Platz im Rettungsboot geben. Die Titanic sollte ursprünglich mit 64 Rettungsbooten ausgestattet werden. Ihre Zahl wurde auf 16 reduziert, um den Passagieren mehr Platz auf dem Bootsdeck zu bieten. Zusätzlich wurden noch vier platzsparende Halbklappboote installiert. Mehr Rettungsboote hielt man aufgrund des damaligen starken Schiffsverkehrs für unnötig. Die Rettungsboote würden dann zwischen dem in Not geratenen Schiff und dem zur Hilfe gekommenen Schiff pendeln.

Notfallübungen

Notfallübungen sollen spätestens 24 Stunden nach Auslaufen aus dem Hafen durchgeführt werden und somit Besatzungsmitglieder und Passagiere auf eine Evakuierung des Schiffes für den Notfall vorbereiten.

Einigung auf Einrichtung einer internationalen Eispatrouille

1914 einigten sich 16 Nordatlantikstaaten auf die Einrichtung einer internationalen Eispatrouille. Diese sollte von nun an die Schiffswege im Atlantik kontrollieren. Bis heute wird kontinuierlich am Ausbau der Patrouille gearbeitet. So sind heute neben Booten auch Flugzeuge im Einsatz. Außerdem werden modernste Vorhersagetechnologien wie Radar- und Echolotsysteme eingesetzt.

Wie hätte man das Unglück vermeiden können?

Langsamer fahren

Es ist verständlich, dass sich innerhalb der letzten 100 Jahre mehrere Untersuchungen mit diesem Thema beschäftigt hatten. Keine große Errungenschaft ist die Erkenntnis, dass man hätte langsamer fahren müssen. Denn dann hätte man den Eisberg eher gesehen. Simulationen haben ergeben, dass die Reisegeschwindigkeit im Eisgebiet sichere 10 Knoten (18 km/h) hätte betragen müssen. Somit hätte man ausreichend Zeit gehabt, um den Eisberg sicher zu umfahren. Allerdings wäre man dann mit zweitägiger Verspätung in New York (USA) angekommen.

Nicht ausweichen

Eine Alternative dazu wäre gewesen, dass man genau auf den Eisberg hätte zusteuern können, um ihn frontal zu erwischen. Laut Erfahrungsberichten, gab es schon einige Schiffe, die nach einer solchen Kollision zwar stark beschädigt wurden aber dennoch in der Lage waren, den Hafen zu erreichen. Die frontale Kollision mit einem Eisberg führt normalerweise dazu, dass zwar im Bug des Schiffes eine Kammer vollläuft, aber dies nicht zum Sinken führt.

Ferngläser nutzen

Frederick Fleet hatte Alarm geschlagen, als er den Eisberg vom Ausguck aus gesichtet hatte. Leider hatte er sich auf seine reine Sehkraft verlassen müssen, weil die Ferngläser in einem Schrank verschlossen waren und niemand an Bord den Schlüssel dafür hatte. Der zweite Offizier David Blair hatte ihn in seiner Jackentasche. Er war aber nicht an Bord. Blair wurde dienstlich beauftragt, ein anderes Schiff zu begleiten. Wieso hatte man aber den Schrank nicht aufgebrochen? „Weil niemand das Kommando gegeben hatte", soll der 22-jährige Funker Harold Bride geantwortet haben. Daher musste er sich auf seine bloßen Augen verlassen. In einer Befragung gab er an, dass es durch den Einsatz eines Fernglases ganz sicher nicht zur Kollision mit dem Eisberg gekommen wäre. Man hätte ja schließlich den Eisberg wesentlich eher gesehen.

Warum mussten so viele sterben?

Es mussten etwa 1500 Menschen sterben und warum haben das Unglück etwa nur 700 Menschen überlebt? Die Rettungsboote konnten doch rund 1200 Menschen aufnehmen. Man hätte also weitere 500 Menschenleben retten können. Laut Zeugenaussagen waren die Rettungsboote in etwa 400 Meter von den im eisigen Wasser ums

Leben ringenden Menschen entfernt. Man hörte eine Stunde lang unerträgliche Schreie, von denen im Wasser treibenden Personen. Aber offensichtlich rettete man ihr Leben nicht – Warum? Es waren mehr als Tausend, die man hörte. Dies erzeugte Angst und Panik. Man paddelte wie hypnotisiert von den unausstehlichen Schreien weg, um sie endlich nicht mehr hören zu müssen. Weiterhin schlug man mit Paddeln auf die Hände derer, die den Bootsrand erreicht hatten. Man hatte Angst zu kentern. So gab es nur ein Rettungsboot, das aktiv Hilfe angeboten hatte und auf die hilflosen Menschen zugepaddelt ist und dadurch vier Menschen gerettet hat. Ein weiteres Boot hatte passiv acht Menschen gerettet. Denn das Boot ist nicht von den auf sie zuschwimmenden Menschen weg gepaddelt. Dann gab es noch ein Klappboot, dass eine weitere Person rettete, weil es schon vorher so abgesprochen war. So wurden nur 13 von etwa 1500 im Wasser treibenden Menschen gerettet. Die meisten anderen mussten qualvoll an Unterkühlung sterben, obwohl man in den Booten regulär noch etwa 500 Menschen hätte unterbringen können.

Was machen Wissenschaftler?

In Hamburg lässt man die Titanic täglich untergehen. Täglich simuliert man dort das Unglück verschiedener Schiffe. Die Schiffsexperten erhalten immer wieder neue Erkenntnisse, die die zukünftige Schifffahrt sicherer machen soll. Dazu werden am Computer Seegang und Schiffsbewegung exakt nachgebildet, um die Ursachen der Schiffsuntergänge aufzuklären. Zusätzlich haben die Wissenschaftler in Hamburg die Möglichkeit die Theorie in die Praxis umzusetzen. Dazu werden ferngesteuerte Modellschiffe in einem Versuchskanal von 300 Meter Länge und 18 Meter Breite eingesetzt. In dem Becken können verschiedene Wellentypen eingestellt werden. Auch eine Fahrt durchs Eis ist möglich. Dabei lassen sich die Kräfte messen, die auf das Schiff wirken. Schiffbauer nutzen die Hamburger Schiffsbauversuchsanstalt (HSVA) um Tests durchzuführen, bevor die Schiffe in einer Werft gebaut werden.

Mysteriöses

Roman „Futility " von Robertson (1898)

In dem Roman „Futility" aus dem Jahre 1898 beschreibt der Autor Morgan Robertson, wie ein Dampfschiff mit luxuriöser Ausstattung in einer kalten Aprilnacht einen Eisberg rammt. Die meisten Menschen an Bord kommen dabei ums Leben, weil der Dampfer mit zu wenig Rettungsbooten ausgestattet ist. Wie kann es sein, dass der Autor schon 14 Jahre vor dem Unfall diese Ereignisse vor seinem geistigen Auge hatte?

55 Passagiere stornierten Reise

Einige Passagiere hatten sich geärgert, die Titanic verpasst zu haben. Nachdem sie von dem Unglück erfahren hatten, dachten sie anders über ihr Schicksal. Andere Passagiere hatten vielleicht eine Vorahnung, denn sie stornierten die Reise aufgrund eines unguten Bauchgefühls.

Californian eilte nicht zur Hilfe

Nachdem die Titanic in der Unglücksnacht durch den Eisberg beschädigt worden ist, sind vom Luxusdampfer aus die Lichter eines anderen Schiffes gesehen worden. Stanley Lord, der Kapitän der „Californian" ist beschuldigt worden, der in Seenot geratenen Titanic nicht geholfen zu haben. Denn wie sich später herausstellte, hielt er sich auf seinem Schiff in nur etwa 14 Seemeilen (26 km) von der Titanic entfernt auf. In nicht ganz einer Stunde hätte er zum Unglücksort eilen können und alle Menschen retten können. Jedoch streiten sich die Experten bis heute, ob es die Californian war, deren Lichter in der Unglücksnacht von der Titanic aus gesehen worden sind. Denn die Besatzung der Californian widersprachen sich in ihren Zeugenaussagen. Alle sind sich einig, ein Schiff gesehen zu haben. Jedoch sind sie sich uneinig, ob es sich um einen großen Passagierdampfer gehandelt haben soll. Warum man auf die SOS-Signale nicht reagiert habe, hätte daran gelegen, dass man sie nicht empfangen hatte. Denn das Zimmer mit dem Funksystem war zu dieser Uhrzeit nicht mehr besetzt. Der Funker war schon schlafen gegangen. Weitere Befragungen ergaben, dass Stanely Lord den Befehl erteilt hatte, mit dem gesichteten Schiff per Morselampe Kontakt aufzunehmen. Warum hatte man nicht auf die Leuchtraketen reagiert? Lord antwortete, dass er nur Sternschnuppen gesehen habe. Und warum hatte man nicht den Funker geweckt, nachdem man per Morselampe erfolglos war? Lord ging nicht davon aus, dass ein solch kleines Schiff bereits mit modernen Funksystemen ausgestattet war.

Titanian knallte beinahe gegen Eisberg

Im April 1935 knallte die Titanian beinahe, wie die Titanic 23 Jahre zuvor, im gleichen Gebiet gegen einen Eisberg. Der Matrose William Reeves schrie „Gefahr voraus" und konnte somit das Unglück noch verhindern. Der Matrose ist am 15.04.1912 geboren. Das ist der Tag, an dem die Titanic verunglückt ist.

Suche nach Titanic Wrack

Unbemanntes Tauchboot Argo
sucht nach Titanic Wrack

Am 01.09.1985 war es endlich so weit. Das Titanic Wrack ist gefunden worden. Forscher am Bord der Knorr schickten zwei Monate lang das unbemannte Taucherboot Argo in 3800 Meter Tiefe – das ist fast so tief, wie die Rocky Mountains hoch sind. Von der Knorr aus steuerten die Forscher das Tauchboot unermüdlich über den Grund des Ozeans. Kurz nach Mitternacht tauchten auf den Monitoren kleine Metallstücke auf. Ein Kessel, der von der Titanic stammen musste. Die Kamera folgte der Spur von weiteren Metallteilen, bis man schließlich den Rumpf der Titanic 73 Jahre nach ihrem Untergang entdeckte. Das Wrack der Titanic bestand aus zwei großen Teilen, die etwa 600 Meter voneinander entfernt lagen. Die Aufnahmen, die von der Argo aus gemacht wurden, gingen um die ganze Welt.

Nautile taucht bemannt zur Titanic ab

Im Juli 1987 fast zwei Jahre nach der Entdeckung des Titanic Wracks durch das unbemannte Tauchboot Argo, gelingt es einem Forschungsteam erste Teile der Titanic aus den Tiefen des Nordatlantiks zu bergen. Dazu reiste das dreiköpfige Team gemeinsam mit ihrem Tauchboot Nautile zum Meeresboden in 3800 Meter Tiefe. Dank kräftigen Scheinwerfern und Roboterarmen, die mit Saugern, Greifern und Schaufeln ausgestattet sind, konnte man mit Geschick und Ausdauer 1800 Gegenstände aufsammeln. Zum Abtauchen in 3800 Meter Tiefe brauchte die Argo 90 Minuten und konnte sich dann bis zu acht Stunden am Meeresgrund aufhalten.

Bis heute haben verschiedene Organisationen insgesamt etwa 6000 Artefakte ans Tageslicht gebracht. Diese gesammelten Gegenstände wurden zeitintensiv restauriert und in Ausstellungen und Museen ausgestellt. So können heute Teller und Tassen aus Porzellan, Besteck, Lampen, Bullaugen, Spiegel, Möbelteile, Accessoires und viele andere Originale besichtigt werden. Kritiker sind der Meinung, man solle die Toten in Frieden ruhen lassen und kritisieren die „Plünderung" der Grabstätte. Denn die geborgenen Gegenstände werden oft zu hohen Preisen versteigert. Die Tauchfirmen sehen das anders. Seit Jahrzehnten wird die Titanic durch Bakterien zersetzt. Bald wird von ihrer Pracht nichts mehr übrig bleiben. Nur noch Aufnahmen aus den Tiefen werden an das Wrack erinnern. Daher arbeitet man kontinuierlich an der Erstellung von 3D-Modellen. Dadurch sollen dann virtuelle Tauchfahrten möglich werden, die den Realen in Nichts nachstehen sollen.

Die wahren Gründe für den Untergang

War wirklich der Eisberg für den Untergang der Titanic schuld? Es ist schon merkwürdig bzw. schon fast unglaublich, dass ein Eisberg den stählernen Rumpf eines solchen Schiffes aufgeschlitzt haben sollte. Der Rumpf des Schiffes besteht aus sich überlappenden Stahlplatten von 25 Millimeter Stärke. Diese werden von Nieten aus gleichem Material zusammengehalten.

Handelte es sich um ein Attentat?

Mit dem Luxusdampfer reisten die Reichsten der Reichen mit. 330 Passagiere hatten sich ein Ticket für die 1. Klasse geleistet. Unter ihnen vier Milliardäre. Gut ein Drittel der männlichen Passagiere überlebte das Unglück. Ausgerechnet die vier Milliardäre gehörten nicht dazu. Sie hätten sich doch bestimmt ein Platz in einem Rettungsboot erkaufen können. Oder hatte sie jemand daran gehindert? Einige Passagiere an Bord berichteten, sie hätten Explosionen gehört – was genau haben sie da gehört? Warum brach die Titanic in zwei Teile? Warum fuhr Kapitän Smith trotz zahlreicher Eiswarnungen mit unverminderter Geschwindigkeit ins Eis? Wer hatte ihn dazu genötigt?

Handelte es sich um Versicherungsbetrug?

Harland & Wolff hatte neben der Titanic einen zweiten fast baugleichen Luxusdampfer bauen lassen – das Schwesterschiff „Olypmpic". Im September 1911 kollidierte die Olympic mit dem britischen Kriegsschiff „HMS Hawke". Dabei wurde der Rumpf der Olympic an der Steuerbordseite stark beschädigt und musste für die Reparatur nach Belfast zur Werft Haraland & Wolff. Das Schiff lag dort mehrere Wochen neben der noch nicht fertiggestellten Titanic. Im Trockendock hätte man doch jetzt einfach die Namensschilder der beiden Schiffe vertauschen können. Zur Jungfernfahrt der Titanic würde man dann die notdürftig reparierte Olypmic mit getauschtem Namensschild antreten lassen. Denn die White Star Line hatte finanzielle Schwierigkeiten, die kostenintensive Reparatur der Olympic durchführen zu lassen. Einfacher wäre es doch gewesen, die Versicherungssumme der Titanic einzukassieren. Was sollte denn sonst der Grund sein, dass der Schiffseigner John Pierpont Morgan seine Reise auf der Titanic kurzfristig abgesagt hatte? Angeblich soll er wegen Krankheit nicht mitgefahren sein – jedoch soll man ihn kurze Zeit später in guter Verfassung mit einer Mätresse (Geliebten) beobachtet haben. War er wirklich krank? Er wusste doch, dass an Bord der Titanic erstklassige Ärzte mitreisten. Oder gab es andere Gründe?

Der Wahrheit auf die Spur

Wie war es nun wirklich? Attentat, Versicherungsbetrug oder war es doch die Kollision mit dem Eisberg? Seit dem Jahre 1987 kann man ausschließen, dass es sich um Versicherungsbetrug handelte. Denn Aufnahmen des Wracks zeigen auf allen Bauteilen die Baunummer der Titanic – nämlich „401". Die Olympic hatte die Baunummer „400". Dass man alle Bauteile, auf denen die Baunummer gedruckt ist, ausgetauscht hätte ist auszuschließen. Denn einerseits wäre dies viel zu zeitaufwendig gewesen und andererseits hätte man zu damaligen Zeiten kein Motiv dafür gehabt. Denn mit den technischen Möglichkeiten von 1912 wäre es undenkbar gewesen und in weiter Zukunft nur als Vision vorstellbar, dass man die Titanic in 3800 Meter Tiefe entdecken würde. Es hatte ja schließlich fast ein Jahrhundert gedauert, bis der Menschheit dies gelungen ist.

Wissenschaftler stellten im Labor fest, dass der bei der Titanic eingesetzte Stahl einen sehr hohen Schwefelanteil besitzt. Kühlte man den Stahl auf unter 0 °C ab, so wurde er brüchig. Schon relativ geringer Druck auf den Stahlplatten sorgte dafür, dass sich die Nieten lösten und somit Wasser ins Schiff einlaufen konnte. Würde deshalb ein Schiff so schnell sinken? Oder gab es noch andere Gründe? Weitere Untersuchungen des Rumpfes sollten Aufschluss darüber geben. Jedoch ist dies nicht ohne Weiteres möglich, weil das Wrack beinahe 20 Meter tief im Schlamm steckt. Daher hatte man die Idee Sonargeräte einzusetzen. Mit den Sonaraufnahmen konnte ein französisches Expeditionsteam 1996 schließlich nachweisen, dass die

Titanic sechs handbreite Einschnitte aufweist. Die Einschnitte waren zwischen einem und 13,70 Meter lang. Ihre Gesamtlänge betrug 32 Meter. Aber wie kann es sein, dass ein Eisberg 25 mm Stahl aufschlitzt? Auch dafür fanden Wissenschaftler nach mehr als 9 Jahrzehnten im Jahre 2003 eine Antwort. Die Eisberge im Nordatlantik bestehen nicht aus Salzwasser, sondern aus Süßwasser. Es sind nämlich Bruchstücke riesiger Gletscher aus Grönland. Ihre Reise über das Festland dauerte 5000 Jahre. Während dieser Reise nimmt der Gletscher auch scharfkantige Gesteinsbrocken auf. Dies war zunächst nur eine Theorie. Mittlerweile weiß man, dass diese stimmt, denn am Unglücksort hatte man Gesteinsbrocken aus Grönland bergen können.

Die Geschichte der Titanic beschert uns immer wieder neue Rätsel.

100 Jahre Titanic

Rückblick

In den letzten 100 Jahren setzte sich die Menschheit immer wieder mit dem Untergang der Titanic auseinander. Schriftsteller, Filmproduzenten und andere Künstler haben die Geschichte immer wieder neu erzählt. Wissenschaftler betreiben Ursachenforschung und stellen uns nicht nur erstaunliche Bilder und Artefakte zu Verfügung, sondern verraten uns auch die Geheimnisse rund um die Titanic.

1912	Stummfilm „Saved from the titanic" Überlebende Dorothy Gibson wird zum Filmstar
1955	Tatsachenbericht „A night to remember" Walter Lord befragte dazu über 60 Überlebende
1956	Lords Tatsachenbericht wird für das Fernsehen verfilmt
1958	Lords Tatsachenbericht wird als Dokudrama für die Leinwand verfilmt → „Die letzte Nacht der Titanic"

| 1960 | Musical „Unsinkable Molly Brown" |

| 1991 | Dokumentarfilm „Titanica" zeigt Wrackaufnahmen, die von der sowjetisch-kanadischen Expedition angefertigt wurden |

| 1997 | 85 Jahre Titanic

    ▲ Uraufführung des Musicals von 1960

    ▲ Kinofilm „Titanic" wurde zu einem der erfolgreichsten Filme aller Zeiten. Innerhalb von zwei Jahren spielte der Film 1,8 Milliarden Dollar ein

    ▲ Elektronische Spiele und Bildschirmschoner lassen die Titanic wieder lebendig werden – teilweise mit realistischen 3D-Bildern

| 2004 | Dokumentarfilm „Die Geister der Titanic" zeigt Bilder einer Expedition rund um das Wrack

| 2012 | 100 Jahre Titanic

    ▲ Buch „100 Jahre Titanic" von Sven Eisberg Extra: Havarie Costa Concordia

    ▲ Kinofilm „Titanic" aus dem Jahre 1997 erscheint in einer 3D-Version

    ▲ Theater „Titanick"

    💻 www.titanick.de/

Schon besucht?

Deutschland

⚐ **Online Quizz, News und Produkte rund um die Titanic**

💻 www.clever-fox.de/titanic/

⚐ **Ausstellung Titanic Dortmund**

💻 www.titanic-dortmund.de/anfahrt.htm

England

⚐ **National Maritime Museum, London**

💻 **www.rmg.co.uk/languages/deutsch/**

⚐ **Merseyside Maritime Museum**

💻 www.liverpoolmuseums.org.uk/maritime/contact/

⚐ **Southampton Maritime Museum**

💻 www.southampton.gov.uk/s-leisure/artsheritage/museums-galleries/maritimemuseum.aspx

Nordirland

⚐ **The Ulster Folk and Transport Museum, Belfast**

💻 www.nmni.com/uftm/Contact-Us

Die größten Schiffsunglücke der Nachkriegszeit

1954 – Toya Maru gekentert

Ende September kenterte die Eisenbahnfähre Toya Maru. Nur einige Hundert Meter von der Küste entfernt kenterte die Fähre. Von den gut 1300 Menschen an Bord mussten knapp über 1150 sterben. Nach längerem Kampf mit dem Taifun hatte dieser gesiegt. Das Schiff wurde manövrierunfähig, weil die Dampfmaschinen durch eindringendes Wasser im Maschinenraum ausgefallen sind. Ursache soll die nicht ausreichende Abdichtung im Fahrzeugdeck gewesen sein.

1994 – Untergang der Estonia

In einer stürmischen Nacht ist die Fähre Estonia in der Ostsee gesunken. Auf ihrem Weg von Tallinn (Estland) nach Stockholm (Schweden) mussten 852 Menschen sterben. Wissenschaftler stellten fest, dass die Ursachen für den Untergang eine zu hohe Geschwindigkeit, ein überlasteter Schiffsbug und eine nicht ausreichende Wartung des Schiffes waren.

2006 – Untergang der Al Salam Boccacio 98

Anfang Februar ist die Fähre im Roten Meer gesunken. Mehr als 1400 Menschen mussten sterben. Auf ihrem Weg von Duba (Saudi-Arabien) nach Safaga (Ägypten) geriet im Fahrzeugdeck ein Lkw in Brand. Es wurde versucht das Feuer mit Wasser zu löschen, da keine Kohlendioxid-Feuerlöscher in Reichweite waren. Durch das Wasser an Deck ergab sich eine starke Schieflage der Fähre. Um die Passagiere zu beruhigen, soll das Schiffspersonal aufgefordert haben, die Schwimmwesten abzulegen. Als der Kapitän das Schiff wenden wollte, um zum Abfahrtshafen zurückzukehren, soll durch Starkwind die Fähre noch stärkere Schräglage bekommen haben. Schließlich kenterte das Schiff und ging unter. Mehr als 1000 von insgesamt etwa 1400 Menschen mussten sterben. Auswertungen ergaben, dass der Kapitän das Notrufsignal erst abgesetzt hatte, als das Schiff bereits sank.

2008 – Untergang der Princess of Stars

Ende Juni ist die Fähre vor der Insel Sibuyan (Philippinen) gesunken. Sie war gerade auf ihren Weg von Manila (Philippinen) nach Cebu City (Philippinen). Von insgesamt gut 850 Passagieren konnten nur 56 gerettet werden. Dem Kapitän wird vorgeworfen, trotz des herannahenden Taifuns seine Fahrt beharrlich weitergeführt zu haben.

Extra: „Costa Concordia"

Am 13. Januar 2012 lief die Costa Concordia *gegen 19.00 Uhr* aus dem Hafen Civitavecchia (Italien) aus und machte sich auf dem Weg nach Savona (Italien). An Bord waren etwa 3200 Passagiere (davon etwa 560 Deutsche) und etwa 1000 Besatzungsmitglieder. Den Zielhafen erreichte das Passagierschiff nicht. *Um 21.45 Uhr* kollidierte die Costa Concordia mit einem Felsen vor der Insel Giglio (Italien) und kenterte. Zu diesem Zeitpunkt war sie etwa 95 Meter von der Küstenlinie entfernt. Laut Einschätzung von Experten kann die Bergung des Schiffes bis zu einem Jahr dauern.

Die Ereignisse erinnern an das vor 100 Jahren verunglückte Schiff Titanic. Denn die Costa Concordia hat ähnliche Maße, Aufnahmekapazität und Geschwindigkeit wie die Titanic. Sie ist etwa 290 Meter lang, 35 Meter breit und war mit etwa 29 km/h im Mittelmeer unterwegs, bevor sie mit dem Felsen kollidierte. Durch die Kollision ist das Schiff so stark beschädigt worden, so dass Wasser ins Schiff einlaufen konnte. Etwa 10 Minuten später fiel der Strom aus. Wahrscheinlich fielen die Generatoren aufgrund des eingedrungenen Meereswassers aus.

Nicht der Kapitän soll den Notruf abgesetzt haben, sondern besorgte Passagiere über ihr Handy. Die Küstenwache soll dann *gegen 22.06 Uhr* von der Polizei über den Vorfall informiert worden sein. Gegen 22.14 Uhr soll Kapitän Schettino den Zusammenstoß bestätigt haben. Jedoch soll er zunächst nur von einem Stromausfall gesprochen haben.

Es folgten mehrere Einsätze zur Seenotrettung

Das erste Rettungsboot traf *um 22.39 Uhr* vor Ort ein. Kurze Zeit später soll ins Schiffsinnere bereits so viel Meereswasser eingelaufen sein, dass es eine starke Schräglage aufwies. Dadurch konnten die an Bord befindlichen Rettungsboote nicht abgelassen werden. Daher wurden zur Rettung Fähren, Schiffe sowie acht Hubschrauber eingesetzt. Rettungsmannschaften sollen berichtet haben, dass sie bis zu 150 Menschen aus dem Meer gerettet haben. Die Costa Concordia wurde *gegen 4.45 Uhr* vollständig evakuiert. Medienberichten zufolge mussten durch das Unglück 32 Menschen sterben.

Wieso konnte das Schiff in dieser Situation geraten?

Es macht den Anschein, dass hier mehrere Dinge nicht korrekt ausgeführt worden sind. Kapitän Schettino ist vom Kurs abgewichen – warum? Er soll bereits *gegen 01.46 Uhr* das Schiff verlassen haben, obwohl noch Passagiere an Bord waren. Nach der Kollision scheint es, als ob Kapitän Schettino nicht mehr Herr seiner Sinne war. Stand er unter Schock? Was genau am Unglückstag passiert ist, müssen die Gerichte klären. Nach dem Unglück war von Passagieren zu hören, dass sie hinsichtlich der Abwicklung in der Notfallsituation unzufrieden waren. Einige Passagiere hatten den Eindruck, dass die Besatzung für die Notfallsituation nicht ausreichend ausgebildet worden war, weil sie aus ihrer Sicht unkoordiniert ablief. Weiterhin wurde von den Passagieren bemängelt, dass sie über die Situation auf dem Schiff nicht ausreichend aufgeklärt worden sind. Die Besatzung soll über einige Passagiere geklagt haben, die die Rettungsarbeiten behinderten, weil sie Fotos gemacht haben.

Wie geht es weiter?

Als Entschädigung hatte die Schifffahrtsgesellschaft jedem Passagier eine Entschädigungssumme von 11000 Euro angeboten. Jedoch wird sich die Reederei auf Entschädigungsklagen einstellen müssen. Dem 52-jährigen Kapitän Schettino wird mehrfache fahrlässige Körperverletzung bzw. Tötung, Schiffbruch und das vorzeitige Verlassen des Schiffes vorgeworfen (aktueller Stand bei Redaktionsschluss).

Schlussbemerkung

Erstaunlich finde ich, dass die Geschichte über die Titanic jahrzehntelang erzählt wird. Es ist mittlerweile sogar ein ganzes Jahrhundert her. Die „Haltbarkeit" des Wracks ist auf nur noch wenige Jahre begrenzt. In Zukunft wird es daher keine reale Aufnahmen mehr geben. Wird die Geschichte der Titanic damit auch aussterben? Oder wird Sie in aller Ewigkeit weiter leben?

Waren Ihnen alle in diesem Buch aufgeführten Schiffsunglücke (S. 66 ff.) noch in Erinnerung geblieben? Woran liegt es, dass diese Schiffskatastrophen so schnell in Vergessenheit geraten sind? Und die Geschichte der Titanic nicht. Ich freue mich auf Ihre Anmerkungen per Mail. Gerne beantworte ich auch weitere Fragen.

Sven Eisberg

Falls Ihnen das Buch gefallen hat, erzählen Sie es bitte weiter.
Falls nicht erzählen Sie es bitte nur mir ;-)
und handeln bitte, wie auf Seite 9 beschrieben.
Lob und Kritik: Sven.Eisberg@clever-fox.de

🖥 www.clever-fox.de/titanic

✉ Sven.Eisberg@clever-fox.de